Naturdruck

Für meinen Freund Peter Heilmann,
den ungekrönten König der Naturdrucker.

IRMGARD LUCHT

Irmgard Lucht

Naturdruck

Kreatives Gestalten mit Blättern und Blüten

Urania-Ravensburger

Hirtentäschel

Inhalt

Ginkgo

„Leider kann ich weder zeichnen noch malen – aber ich würde so gerne kreativ sein!" Für alle, die so denken, kann der Naturdruck zum Schlüssel für die eigene Kreativität werden. Man braucht dafür keine zeichnerischen Fähigkeiten, weil man mit Hilfe einer einfachen Technik auf den unendlich vielfältigen Formenreichtum der Pflanzenwelt nach Belieben zurückgreifen kann. Die Formen sind also vorgegeben, die Wahl der Farben aber und der Anordnung (Komposition) auf dem Papier sowie die Art der Kombination verschiedener Pflanzenelemente sind der eigenen Fantasie überlassen.

Das Prinzip des Naturdrucks ist denkbar einfach: Ein Pflanzenelement, zum Beispiel ein Blatt, wird mit Farbe eingefärbt und dann wie ein Stempel auf Papier gedruckt. Diese Technik ist uralt, ihre Wurzeln lassen sich bis in das Jahr 1425 zurückverfolgen. Ab Mitte des 17. Jahrhunderts haben sich in erster Linie Apotheker mit dem Naturdruck beschäftigt. Damals wurde das Wissen über das Aussehen der Heilpflanzen vor allem in Herbarien niedergelegt und weitergegeben. Aber die gepressten, getrockneten Pflanzen waren natürlich empfindlich und gaben den mit ihnen „illustrierten" Büchern eine nur begrenzte Lebensdauer. Mit Hilfe des Naturdrucks abgebildete Pflanzen waren dagegen fast uneingeschränkt haltbar – und trotzdem botanisch exakt. Noch heute kann man auf diese Weise illustrierte jahrhundertealte Kompendien der Heilpflanzen und botanische Lehrbücher in speziellen Sammlungen bewundern.

Im Laufe der Zeit wurde die Technik des Naturdrucks immer weiter ausgebaut und verfeinert. Erst die Erfindung der Fotografie und die Entwicklung moderner Druckverfahren ließen den Naturdruck langsam in Vergessenheit geraten.

Seit den letzten Jahrzehnten des 20. Jahrhunderts erlebt diese reizvolle und vielseitig anwendbare Technik jedoch eine neue Blüte, vor allem in Japan und den Vereinigten Staaten. Die japanischen Naturdrucker kultivieren nicht nur den Pflanzendruck, sondern haben zudem noch eine besondere Technik zum Drucken von Fischen entwickelt. Und in den USA gibt es inzwischen sogar eine „Nature Printing Society", der Hunderte von Mitgliedern angehören.

Die Technik des Naturdrucks ist so variabel, dass sie praktisch allen offen steht: vom Laien ohne jede Vorbildung bis zum erfahrenen Künstler, vom Vorschulkind bis zum aktiven Rentner. Schon Kindergartenkinder können die einfachste Variante leicht erlernen und stolz auf ihre Ergebnisse sein. Und Könner auf diesem Gebiet, die Naturdruck durch jahrelange Erfahrung raffiniert verfeinert und weiterentwickelt haben, lassen sich immer wieder von dieser Technik faszinieren.

Das Know-how des Naturdrucks lässt sich vermitteln, auch diese und jene Methode der Verfeinerung. Aber der eigentliche Reiz liegt im eigenen Entdecken der reichen Möglichkeiten, die in dieser Technik liegen. Sie lassen der Fantasie Flügel wachsen.

Bea

Wie ich zum Naturdruck kam

Löwenzahn

Als ich zum ersten Mal das Wort „Naturdruck" hörte, studierte ich Freie Malerei und Grafik an den Werkkunstschulen in Köln. Meine Verlobung stand bevor – also musste eine Anzeige gestaltet werden. Mein Entwurf dafür löste bei meinem guten alten Lehrer einen Wutanfall aus: „Heiraten wollen Sie? Sie? Mit Ihrer Begabung? Das Kinderkriegen können Sie den anderen Frauen überlassen ... Aber, wenn es denn unbedingt sein muss, dann nehmen Sie wenigstens nicht so ein albernes Bildchen für die Anzeige. Warum machen Sie nicht einen Naturdruck?"
Also gut. Ich erlernte den Naturdruck und damit eine Technik, die mich nicht nur faszinierte, sondern mir auch die Augen öffnete für die Schönheit der Pflanzenwelt. Als meine Kinder klein waren und an Malen jahrelang nicht mehr zu denken war, linderte der Naturdruck meine Entzugserscheinungen in dieser Hinsicht. Hunderte von pflanzengeschmückten Briefkarten halfen mir, mein seelisches Gleichgewicht aufrechtzuerhalten und das magere Wirtschaftsgeld aufzubessern. Und dann kam es eines Tages zu der geradezu schicksalhaften „Begegnung mit dem Löwenzahnblatt", die meinem Leben eine neue Richtung gab: Durch dieses saftige, grüne Blatt am Wegesrand, in dem ich ganz deutlich einen Fisch sah, wurde ich zur Kinderbuchautorin. Die einzige Technik, mit deren Hilfe ich den Fisch im Blatt sichtbar machen konnte, war der Naturdruck. Drei dieser ersten Fischbilder sehen Sie rechts. In nur wenigen Wochen kamen noch 23 weitere dazu, und fast von alleine wurde ein Buch daraus, an dessen Entstehung meine Kinder eifrig mitwirkten. Wir dachten uns zusammen die Geschichte zu den Bildern aus, und bisweilen diktierte mir die dreijährige Anne ihre Vorschläge. Zum Beispiel den: „Da sagte das Weibchen zum Fischmann: ‚Hilf mir mal! Wir holen lauter Luftblasen und hängen hier alle zusammen wie ein Nest.' Dann legte sie ihm zur Überraschung lauter Eier hinein. Und da hat der Fischmann den Spaß mitgemacht und gab den Samen dazu."
Das Buch mit den gedruckten „Blätterfischen" erschien 1970, und auch in späteren Büchern taucht die Technik des Naturdrucks immer mal wieder am Rande auf (siehe unten). Aber in meinem „jüngsten" Kinderbuch „Ich sehe was, was du nicht siehst ..." (Ravensburger Buchverlag) steht sie noch einmal ganz im Mittelpunkt. Habe ich Sie neugierig gemacht? Dann schauen Sie sich doch gelegentlich auch dieses Buch einmal an!

Haselnuss

Spitzwegerich

Pappel

Und so wird gedruckt

Jeder Naturdrucker hat seine eigene Technik. Im Folgenden möchte ich Ihnen meine vorstellen. Was Sie alles dafür brauchen, zeigt das Foto oben, die acht Schritt-für-Schritt-Fotos verdeutlichen den Ablauf:

Drücken Sie aus einer Tube ein paar Zentimeter Ölfarbe (zum Beispiel Norma, Saftgrün) auf eine Glasscheibe (ca. 40 x 50 cm) und rollen Sie mit einer Farbwalze (6 cm breit, ø 5 cm) in verschiedenen Richtungen so lange darüber, bis auf Glas und Walze eine gleichmäßig dünne Farbschicht liegt (1).

Nun legen Sie Ihr Druckmaterial – zum Beispiel ein Kastanienblatt – mit der Unterseite nach oben in die Farbe auf der Glasscheibe und färben es durch wiederholtes Überwalzen sorgfältig ein (2): Damit das Blatt nicht nur an den Außenrändern, sondern auch weiter innen Farbe annimmt, walzen Sie am besten auch dicht an den erhabenen Mitteladern entlang.

Wenn das Blatt gleichmäßig mit Farbe bedeckt ist (3) wird es mit einem Malspachtel von der Glasplatte gelöst und mit der Unterseite auf einem weißen Blatt Papier platziert, unter dem als Polster ein Stück Moosgummi liegt (4). Legen Sie dann ein zweites weißes Blatt Papier und ein weiteres Stück Moosgummi darüber (5). Jetzt können Sie mit dem Drucken beginnen! Im Stehen rollen Sie mit der Kuchenrolle nur einmal, aber mit Kraft, über das obere Moosgummi (6) – und lassen sich von dem Ergebnis überraschen: Weil das Druckobjekt beim Einfärben immer auf beiden Seiten Farbe annimmt, entstehen auch immer zwei Abdrucke gleichzeitig. Ob Ihnen das obere bedruckte Blatt Papier, der Gegendruck (7), oder das untere, der

1

2

eigentliche Druck (8), besser gefällt, ist dann Ihre Entscheidung.
Übrigens kann dasselbe Blatt mehrmals gedruckt werden, manchmal werden die nachfolgenden Drucke sogar noch schöner! Drucken Sie also gleich weiter und finden Sie dabei selber heraus, wie Sie ein optimales Ergebnis erzielen.
Kleiner Tipp: Schieben Sie die Ölfarbe auf der Glasscheibe von Zeit zu Zeit mit einem breiteren Spachtel zusammen und legen Sie sich mit dieser Farbe oben auf der Scheibe ein kleines „Depot" an. Von dort holen Sie sich dann mit der Walze immer gerade so viel Farbe, wie Sie brauchen.
Der Spachtel ist auch bei der „Endreinigung" nach dem Drucken hilfreich: Schieben Sie die gesamte Farbe mit ihm zusammen, bevor Sie die Scheibe, die Farbwalze und das übrige Werkzeug mit Terpentinersatz, Küchenkrepp und einem alten Lappen sauber machen. Ganz zum Schluss haben dann erfahrungsgemäß die Hände eine gründliche Reinigung nötig. Benutzen Sie dafür Reinol, eine hautschonende und sehr wirksame Handwaschpaste.
Die noch feuchten Drucke können Sie – jeweils mit einem Zwischenblatt aus Seidenpapier oder einem anderen Papier – zum Trocknen aufeinander legen und dabei Pläne für das nächste Druckabenteuer schmieden!

3

4

5

6

7

8

Welche Pflanzen kann man drucken?

Pflanzen zum Drucken wachsen fast überall: nicht nur in der freien Natur und in Parks, sondern auch mitten in der Großstadt, zum Beispiel auf dem kargen Grünstreifen bei der Bushaltestelle und sogar in den schmalen Ritzen zwischen den Betonplatten der Fußwege.

Zum Drucken geeignet sind grundsätzlich fast alle Blätter von Bäumen und Büschen, fast alle Gräser und die meisten kleineren Pflanzen oder Pflanzenteile, sofern sie nicht zu saftig sind oder zu zart.

„Drucken" kommt von „Druck". Bei dem Kastanienblatt eben haben Sie gesehen, dass das Blatt sowohl beim Einfärben als auch beim Abdrucken einiges aushalten muss. Zu saftige Pflanzen oder Pflanzenteile platzen unter starkem Druck auf und verderben so das Ergebnis. Und sehr zarte Pflanzen überleben oft nicht einmal das

1

Einfärben. Es gibt jedoch eine Möglichkeit, auch sie zu „überlisten" – aber das heben wir uns für später auf. Beschränken Sie sich am Anfang auf die eher robusten Objekte, die Ihnen ohnehin in so großer Fülle zur Verfügung stehen, dass Sie gar nicht alle drucken können.

Ich persönlich bevorzuge frische Pflanzen, weil sie die Farbe „satter" auf den Druck übertragen. Aber viele Naturdrucker schwören auf das Arbeiten mit gepressten, getrockneten Pflanzen. Wenn Sie sich – zumindest für die Zeit der Vegetationspause – ein Depot gepresster Pflanzen zulegen wollen, dann besorgen Sie sich alte Telefonbücher (1), je dicker desto besser. Beginnen Sie mit dem Einlegen der Pflanzen immer hinten, verteilen Sie sie locker über eine Seite, kleben Sie ganz unten rechts ein von außen sichtbares Post-it mit dem Pflanzennamen ein und schließen Sie das Buch behutsam. Dann können Sie mit der nächsten Einlage von Pflanzen beginnen, und zwar etwa 1 cm über der vorherigen. Größere Pflanzen werden mit schmalen Post-it-Streifen, die rechts und links mit Klebestreifen gehalten werden, in Form gebracht und fixiert (2), nachdem sie vorher etwas ausgedünnt wurden – zum Beispiel dort, wo Blätter übereinander liegen. Getrocknete Pflanzen lassen sich übrigens leichter einfärben, wenn man sie vorher eine Weile zwischen feuchtem Küchenkrepp presst.

Eine zwar unkonventionelle, aber ebenfalls sehr empfehlenswerte Methode der Konservierung von Pflanzen ist das Einfrieren. In meiner Tiefkühltruhe ruht zwischen Gemüse, Fleisch und Kuchen ein ganzes Sortiment flacher Päckchen in Alufolie mit den verschiedensten Blättern und kleineren Pflanzen (3). Die meisten davon lassen sich nach dem Auftauen zwischen Küchenkrepp fast wie frische Objekte einfärben und drucken.

2

3

Nur ein Kastanienblatt

… oder sagen wir besser: Nur ein paar Kastanienblätter in verschiedenen Größen brauchen Sie, um so viele verschiedene Dinge, wie Sie sie hier sehen, damit zu schmücken!

Der Naturdruck ist geradezu prädestiniert dafür, Briefpapieren aller Art eine besondere Note zu verleihen – ganz gleich, ob Sie sie für sich selber oder als nicht ganz alltägliches Geschenk verwenden wollen.

Schauen Sie sich einmal in guten Schreibwarengeschäften oder in den entsprechenden Abteilungen der Kaufhäuser um: Das Angebot an schönen Briefpapieren (auch ohne Dekor) mit den entsprechenden Umschlägen ist verführerisch groß. Und sie alle sind zum Bedrucken geeignet, sofern sie eine relativ glatte Oberfläche haben. Das ist wichtig, weil eine zu stark strukturierte Papieroberfläche Teile des filigranen Pflanzendrucks verschluckt.

Eine andere, auch für den Anfänger reizvolle Arbeit ist das Bedrucken von Papierservietten. Übrigens ist dies ein heißer Tipp für Kinder, die mit leisem Bangen dem Geburtstag von Mutter, Großmutter oder Tante entgegensehen, weil sie noch immer kein Geschenk haben und sich das verflixte Taschengeld schon wieder bedenklich dem Ende zuneigt. Servietten sind billig und können ganz schnell wunderschön bedruckt werden.

Besonders praktisch ist dabei auch noch, dass man beim Briefpapier und bei den Servietten das „Zwei-Fliegen-mit-einer-Klappe-Prinzip" anwenden kann. Erinnern Sie sich? Mit dem beidseitig eingefärbten Blatt können Sie sehr rationell bei einem Druckvorgang zwei Teile gleichzeitig bedrucken. Dieses Verfahren ist natürlich nur dann angezeigt, wenn „Auflagen" gedruckt werden. Unikate wie die Blattrosetten links und auf dem Kalender rechts sind stets Einzeldrucke.

Bei beiden wurde je ein Segment eines Kastanienblatts achtmal hintereinander gedruckt, wobei es bei der Kalenderrosette nur vor jedem zweiten Druck neu eingefärbt wurde.

So entstand der reizvolle Wechsel von hellem und dunklerem Grün. Auch Geschenkanhänger und Tischkarten gewinnen durch einen kleinen Pflanzendruck an Reiz, vor allem, wenn dieser dann noch – wie auf der Abbildung unten – mit einem Hauch Wasserfarben koloriert wird. Die alten Meister des Naturdrucks nannten dieses Nachkolorieren „Illuminieren".

6
99
7 21
8 22
9 23
10 24
11 25
12 26
13 27
14 28
1 15 29
2 16 30
17
4 18
5 19
6 20

... ist eine spannende Sache! Versuchen Sie es zunächst einmal mit diesen wenigen Farbtönen: Zinnobergrün hell, Saftgrün, Königsblau hell (zum Aufhellen zu dunkel geratener Mischungen), Indigo, Caput mortuum violett und Englischrot hell.

Die Kastanienblätter zeigen, was passiert, wenn man diese Farbtöne mischt – in diesem Fall der Reihe nach, also Zinnobergrün mit Saftgrün, Königsblau mit Indigo usw. Natürlich können Sie auch Zinnobergrün mit Englischrot oder mit Indigo mischen – was dabei herauskommt, werde ich Ihnen nicht verraten. Finden Sie es selber heraus! Es macht ohnehin viel mehr Spaß, alleine auf Entdeckungsreise zu gehen.

Und so wird gemischt: Drücken Sie aus zwei oder drei Tuben (nicht mehr!) jeweils etwa 3 cm Farbe oben auf die Glasscheibe, nehmen Sie diese in kleinen Mengen mit der Walze auf und rollen Sie sie so lange auf der Scheibe aus, bis ein homogener Farbton entstanden ist. Vielleicht noch ein bisschen mehr Grün? Oder Königsblau? Das ist Ihre Entscheidung. Wenn Ihnen der Farbton gefällt, können Sie den ersten Probedruck machen.

Jeder gelungene Druck ist eine eigenständige Grafik, die in einem passenden Rahmen jeden Raum schmückt. Aber irgendwann ist sowohl an den eigenen als auch an den Wänden von Freunden und Verwandten kein Platz mehr, und der eifrige Naturdrucker sieht sich gezwungen, seine Werke auf andere Art und Weise zur Geltung zu bringen. Möglichkeiten gibt es viele, zum Beispiel die folgende: Neben Briefpapieren, Briefkarten und Papierservietten, die mit verschiedenen Farbmischungen bedruckt wurden, stelle ich Ihnen als Novum die Sammelmappe vor. Die preiswerten Mappen lassen sich ohne viel Mühe durch Wellkarton (in allen Farben) veredeln. Vor allem Schwarz verleiht ihnen einen

Blattrosette des Hirtentäschels

Hauch von Exklusivität, was in unserem Fall dem Inhalt, einer Sammlung großer und besonders gelungener Blattdrucke, die mit doppelseitig klebendem Tesa auf bordeauxroten Glanzkarton geklebt wurden, gerecht wird. Eine solche Mappe ist das erlesene Geschenk für den botanisch Interessierten!

Eine Mappe für Briefpapier

Auch wenn Telefon und Handy, PC, Fax und E-Mail den guten alten handgeschriebenen Brief heutzutage an den Rand gedrängt haben – ganz ersetzen können sie ihn nicht. Im Gegenteil: Gerade weil er oft nur noch zu nicht alltäglichen Anlässen geschrieben wird, ist der Brief zu etwas Besonderem geworden. Das zeigt auch das große Angebot an mehr oder weniger geschmackvoll dekorierten Briefpapieren und Karten in den Kaufhäusern und Fachgeschäften.
Vor diesem Hintergrund wird ein durch einen Handdruck veredelter Briefbogen zu einer kleinen Kostbarkeit und eine mit bedruckten Briefbogen gefüllte Mappe zu einem ganz besonderen Geschenk. Wie Sie diese Briefmappe leicht selber herstellen können, möchte ich Ihnen hier zeigen.
Von den oben vorgestellten Werkzeugen brauchen Sie unbedingt das Lineal, das Dreieck, den Cutter und den Tacker. Die gekaufte Schneideunterlage dagegen kann auch durch feste Pappe ersetzt werden. Schneidemaschine und Reißschiene erleichtern das exakte Arbeiten, aber es geht auch ohne sie.
An Materialien benötigen Sie einen Sprühkleber (für dauerhafte Verbindungen), festeren weißen Karton, farbiges Tonpapier und natürlich Ihre vorher bedruckten Briefbögen mit farblich dazu passenden Briefumschlägen.
Übertragen Sie nun das Muster vom Vorlagenbogen auf den weißen Karton und schneiden Sie es mit dem Cutter und mit Hilfe der exakt angelegten Reißschiene (bzw. des Lineals) aus.
Die beiden mittleren Falze für den Rücken der Mappe und die Falze rechts und links außen werden mit dem Cutter leicht eingeritzt und dann nach innen geknickt (1). Und schon ist das „Gerüst" der Mappe fertig!
Die weiteren Schritte entnehmen Sie dem Vorlagenbogen, nur das Bekleben der Mappe mit dem Tonpapier soll hier zusätzlich noch durch ein Foto verdeutlicht werden (2). Es zeigt den wichtigen Moment des ersten Auflegens des mit Klebstoff eingesprühten Tonpapiers auf das darunter liegende „Gerüst" der Mappe – Ecke auf Ecke.
Wenn das Tonpapier exakt positioniert

ist, können Sie den Bezug festkleben. Gehen Sie dabei Stück für Stück vor, indem Sie das Papier langsam mit der flachen Hand von oben nach unten feststreichen.
Bevor der Klebstoff anfängt zu trocknen, schließen Sie die Mappe und knicken die Falze des Rückens noch einmal einzeln, indem Sie mit dem Falzbein fest darüber streichen. Ganz zum Schluss kleben Sie als Krönung des Ganzen noch einen besonders schönen Druck auf die Vorderseite.

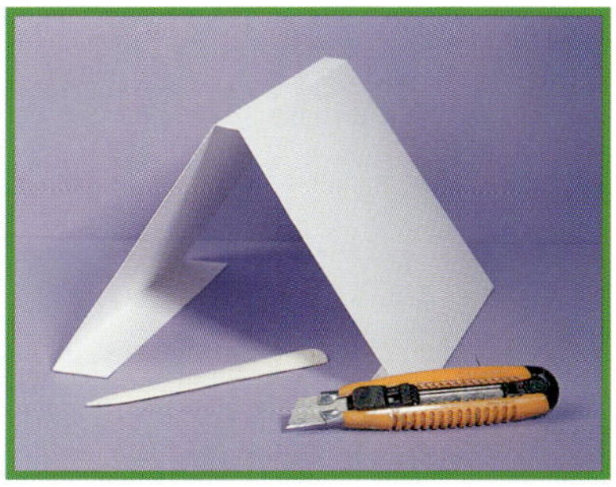
1

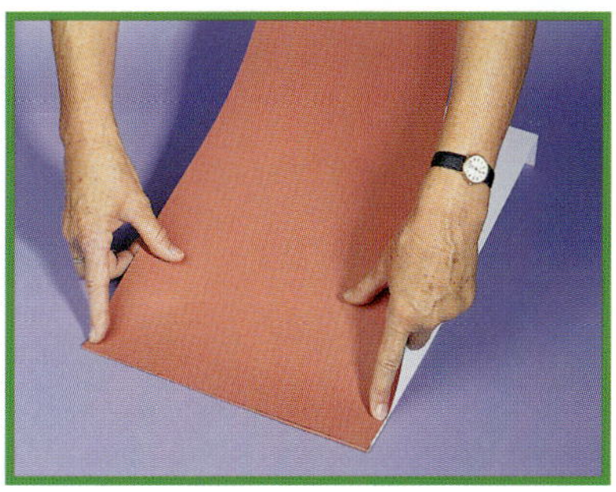
2

Der Zettelwürfel

Storchenschnabel

Sind Sie auch so vergesslich wie ich, jedenfalls was die kleinen Dinge des Alltags betrifft? Was nicht aufgeschrieben wird, geht verloren! Darum habe ich eine besondere Schwäche für diese Zettelwürfel. Ihr solides Volumen verspricht Gedächtnisstütze für lange Zeit. Aber leider haben sie einen Nachteil: Die schönen sind teuer und die preiswerten – nun ja ... Eines Tages jedoch entdeckte ich bei Woolworth ganz schlichte weiße Würfel zu einem ausgesprochen günstigen Preis. Und nicht nur das: Sie waren auch ausnehmend gut verarbeitet, d. h. ihre Seitenflächen waren vollkommen glatt. Darauf müssen Sie beim Kauf solcher Würfel unbedingt achten, denn unebene Flächen beeinträchtigen die Schönheit des Drucks. Mein Gedächtnisproblem ist seitdem gelöst, und ein hübsches Geschenk ist auch jederzeit zur Hand.

Da die Zettelwürfel dreidimensionale Körper sind, erfordern sie eine andere Drucktechnik als bisher. Probieren Sie diese am besten erst einmal auf ebener Fläche auf einem Blatt Papier aus (1). Über das wie üblich eingefärbte Blatt legen Sie ein Stück Transparent- oder Seidenpapier, das Sie zwischen Daumen und Zeigefinger der linken Hand festhalten. Zum Drucken benutzen Sie nun – statt der Kuchenrolle – den rechten Daumen oder Zeigefinger. Reiben Sie damit (immer von innen nach außen) mit sanftem Druck über alle Teile des Blatts.

Auf dieser Weise werden nun nacheinander zuerst die vier Seiten und als Letztes das Deckblatt des Würfels bedruckt. Damit er Ihnen dabei nicht auseinander fällt, wird er mit zwei Gummis oder mit Klebestreifen zusammengehalten.

Heften Sie vor dem Bedrucken einer Seitenfläche ein Stück Transparentpapier in entsprechender Größe mit Tesa auf der Oberseite des Würfels fest (2). So kann Ihnen nichts verrutschen, wenn Sie danach das Transparentpapier über dem eingefärbten Blatt stramm ziehen, um es abzudrucken (3). Es ist unvermeidlich, dass das oberste Blatt des Würfels beim Bedrucken der vier Seiten Farbflecken bekommt, aber das macht nichts. Reißen Sie es ab und machen Sie das noch reine zweite Blatt zum Deckblatt (4).

Und ganz zum Schluss signieren Sie Ihr Werk. Das gilt übrigens auch für alle wirklich gelungenen Drucke, auf die Sie mit Recht stolz sind. Schließlich ist jeder von ihnen ein Unikat aus Ihrer Hand und nicht irgendein Fabrikerzeugnis. Darauf soll die Signatur hinweisen.

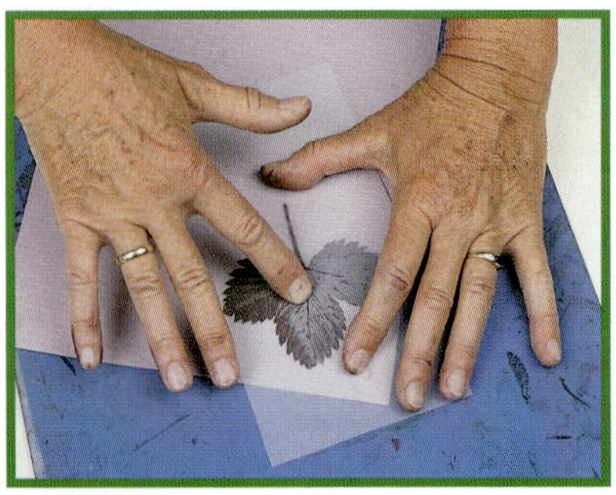

1

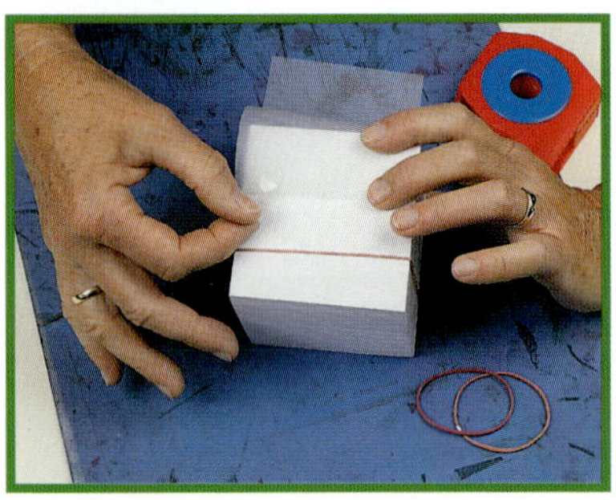

2

3

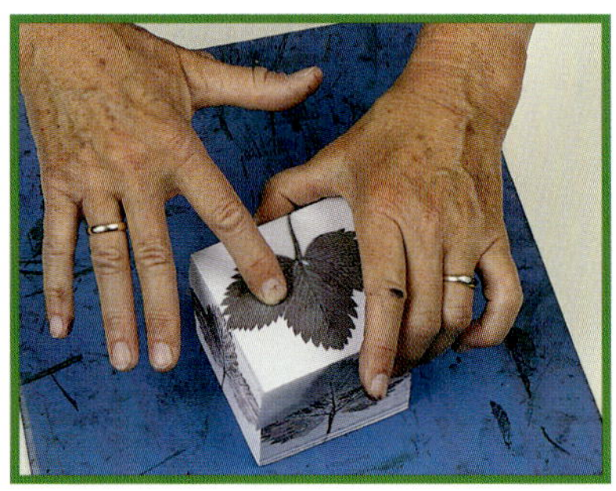

4

J. Lucht
J. Lucht
J. Lucht
J. Lucht
J. Lucht
J. Lucht
J. Lucht
J. Lucht

1

2

3

Bisher ging es mehr oder weniger um das Drucken einzelner Blätter. Hier möchte ich Ihnen nun zeigen, wie man mehrere Einzeldrucke miteinander kombinieren und auf der zu schmückenden Fläche anordnen kann. Natürlich ist es ganz Ihnen überlassen, wie Sie die Blätter verteilen. Aber denken Sie daran, dass ein gewisses System in der Anordnung die Wirkung steigert.
Da gibt es auf dem großen Foto zum Beispiel die Reihung auf der Sammelmappe oben rechts, die Streuung von scheinbar fallenden Blättern auf dem Deckblatt eines Briefblocks daneben, den Kranz auf der ovalen Schachtel oben links und das Ornament aus zwei zusammengesetzten Blättern unten rechts.
Die Ornamentform ziert übrigens auch die Vorderseite der Mappen für Briefpapier auf Seite 19. Die obere wurde aus Hortensienblüten, die darunter aus einem dreimal hintereinander gedruckten Ahornblatt zusammengesetzt.
Kommt Ihnen das Blatt bekannt vor, das hier – mit einer Ausnahme – alle Objekte schmückt? Wenn Sie noch einmal eine Seite zurückblättern, finden Sie das Storchenschnabelblatt in Blau gleich zweimal. Hier wurde es zur Abwechslung in einer Mischung aus Caput mortuum und Königsblau hell gedruckt.
Die Storchenschnabelblätter gehören zu meinen Lieblingsblättern, weil sie sich besonders gut drucken lassen und zudem leicht zu beschaffen sind: Man findet sie häufig in den städtischen Grünanlagen.
Die Schachteln und Papprollen, die Sie hier sehen, wurden fertig gekauft. Weil sie – wie die Zettelwürfel – dreidimensionale Formen haben, müssen sie auch auf die gleiche Weise bedruckt werden, also durch Abreiben mit dem Finger (1).
Ein mehrmals nacheinander eingefärbtes und abgedrucktes Blatt verliert leicht an Frische und Festigkeit und lässt sich dadurch schwerer positionieren. Hier hilft ein kleineres Blatt Papier. Benutzen Sie es wie ein Tablett, von dem aus Sie Ihr Druckobjekt auf den richtigen Platz gleiten lassen (2).
Als ebenso hilfreich erweist sich der Malspachtel, mit dem Sie das abgedruckte Blatt behutsam vom Druck lösen können (3).

Die Sache mit den Überschneidungen

1

Breitwegerich 2

Schauen Sie einmal kurz vom Lesen auf und betrachten Sie den Raum vor sich: Nur das, was ganz in Ihrer Nähe ist, können Sie von vorne „ganz" sehen, also sozusagen „von Kopf bis Fuß". Alles, was weiter von Ihnen entfernt ist, nehmen Sie nur teilweise wahr. Das liegt nicht an der größeren Distanz und auch nicht daran, dass Ihre Sehkraft plötzlich nachgelassen hat. Der Grund dafür ist, dass die Dinge, die sich weiter hinten im Raum befinden, von den davor stehenden mehr oder weniger verdeckt bzw. überschnitten werden.

Diese Überschneidungen setzen Maler ein, wenn sie Räumlichkeit in ihre Bilder zaubern wollen, und auch der Naturdrucker kann sie sich zunutze machen. Das zeigt die Wiese auf der großen Abbildung rechts: Da gibt es Pflanzen, die eindeutig im Vordergrund stehen, und andere, die aussehen, als befänden sie sich weiter hinten, weil sie von den vorderen Pflanzen teilweise verdeckt werden.

Die beiden Beispiele oben machen das vielleicht noch deutlicher: Die Wegerichblätter links stehen nebeneinander (1), die rechten dagegen zum Teil hintereinander (2). Sie sehen „naturgetreuer" aus, weil sie räumlich dargestellt sind.

Solche Überschneidungen zu malen ist kein Problem: Man bringt erst die hinteren Blätter aufs Papier und malt dann die vorderen mit deckenden Farben einfach darüber – aber natürlich so, dass von den hinteren noch genügend zu sehen ist!

3

4

5

6

Beim Naturdruck ist es anders. Was passiert, wenn Sie zwei Blätter übereinander drucken, zeigt das obere Foto (3): Die Blätter wirken „durchsichtig". Es gibt kein Vorne und kein Hinten. Um den Eindruck von Räumlichkeit zu erzielen, muss man einen kleinen Trick anwenden. Drucken Sie immer erst das, was ganz im Vordergrund sein soll, wie hier das Wegerichblatt links (4). Dann schneiden Sie den Gegendruck aus, also den Druck, der ganz von selbst auf dem Papier entsteht, mit dem Sie Ihr eingefärbtes Blatt vor dem Drucken abgedeckt haben – in diesem Fall war es ein hellbraunes Papier.

Legen Sie nun diesen Gegendruck möglichst exakt auf das zuerst gedruckte Blatt und drucken Sie Ihr zweites Blatt darüber (5). Weil das erste Blatt durch den Gegendruck geschützt war, sieht nun das zweite so aus, als läge es hinter dem ersten (6).

Tipp: Die gedruckte Wiese wirkt sehr schön als Deckblatt auf einem Briefblock, dessen einzelne Blätter verschiedene kleinere Wiesenmotive schmücken.

So wird die Fläche zum Raum

1

2

3

Machen wir noch einmal eine Anleihe bei den Malern, und lernen wir die Tricks kennen, mit deren Hilfe sie räumliche Tiefe suggerieren, obwohl doch jedes Bild in Wirklichkeit so platt ist wie ein Brett.

Der nächste Kunstgriff, nach dem Einsatz von Überschneidungen, ist die Berücksichtigung der Perspektive. Sie lässt nicht nur alles, was weiter entfernt ist, kleiner erscheinen, sondern auch so, als läge es höher als die Dinge im Vordergrund. Das macht ein Vergleich der Fotos 1 und 2 deutlich. Das linke zeigt drei „Bäume" von unterschiedlicher Größe nebeneinander – ohne räumliche Tiefe. Das mittlere dagegen wirkt räumlich, weil die „Bäume" auf einer Diagonalen angeordnet sind.

Die Objekte für unser Experiment mit dem Tiefenraum sind drei verschieden große Blätter des Federmohns, die übrigens auch zu meinen speziellen Lieblingen beim Naturdruck gehören. Nicht nur, weil sie sich gut drucken lassen – ich mag einfach ihre Form, die mich immer an kleine Bäume erinnert.

Die Beschaffung der Blätter ist allerdings ein kleines Problem. Wenn man keinen eigenen Garten hat, ist man auf öffentliche Grünanlagen (heikel!) oder auf die Gärten freundlicher Mitmenschen (besser!) angewiesen. Auf meine Bitte um ein paar Blätter werde ich zwar mit erstaunten Blicken bedacht, bekomme aber nur selten eine Absage.

Zurück zu unserem Experiment. In diesem Fall druckt man zur Abwechslung einmal mit weißer Ölfarbe (Titanweiß) auf dunkelblauem, festerem Papier. Um zu erreichen, dass es so aussieht, als stünde der rechte Baum vor dem mittleren, wird er beim Druck des mittleren Baumes mit seinem Gegendruck abgedeckt (3). Auf diese Weise entsteht die gewünschte Überschneidung. Den Eindruck von Tiefe in der angedeuteten Winterlandschaft erreicht man auf die gleiche Weise. Zwei entsprechende Formen, aus dünnem Karton ausgeschnitten und mit der Farbwalze eingefärbt, werden nacheinander gedruckt, zuerst die vordere und nach dem Abdecken durch ihren Gegendruck die hintere.

Mit Pinsel und Ölfarbe, die zuvor mit Terpentinersatz verdünnt wurde, malt man zum Schluss noch Mond und Stern, der Baumstamm wird etwas korrigiert – und die Winternacht ist fertig!

Federmohn

Brennnessel und wilde Möhre auf farbigen Kartonagen

Brennnessel

„Nichts ist mir zu klein und ich lieb es trotzdem und mal es auf Goldgrund und groß ..." (Rilke)
Nun, es muss nicht unbedingt ein Goldgrund sein. Die satten Blau- und Grüntöne der fertig gekauften Kartonagen aus dem Kaufhaus (rechts) sind auch ein wirkungsvoller Hintergrund für die Brennnessel und die Wilde Möhre, zwei Pflanzen, die am Wegesrand wachsen, aber kaum beachtet werden. Auf farbigen Kartonagen entfalten sie, mit Titanweiß gedruckt, ihre filigrane Schönheit.
Die Brennnessel finden Sie fast überall, vom Frühling bis in den späten Herbst hinein. Es empfiehlt sich, zum Pflücken ein Gefäß mit Wasser (die Pflanze wird schnell welk), eine Schere und Einweghandschuhe (aus der Apotheke) mitzunehmen. Erst nach dem ersten Einfärben ist die Gefahr, sich zu „verbrennen", vorüber.
Die Wilde Möhre blüht etwa ab Mitte Juni. Legen Sie sich rechtzeitig einen kleinen Vorrat von gepressten oder auch tiefgekühlten Knospensternen zu. Weiß auf Blau oder Blau auf Weiß gedruckt, sind sie ein wunderschöner Schmuck auf Weihnachtskarten und Geschenkanhängern.
Aber noch ist Sommer, und Sie wollen die frisch gepflückten Pflanzen drucken: Arrangieren Sie sie noch vor dem Einfärben auf der zu bedruckenden Fläche,

bis Ihnen die Anordnung gefällt. Wo die Blätter zu dicht stehen, schneiden Sie ein paar heraus – so erzielen Sie ein klares Erscheinungsbild der Pflanze im Druck.

Sie können auch einzelne Blätter austauschen, indem Sie vor dem Drucken ein paar entfernen und dafür dann später andere einzeln eindrucken, die vielleicht besser in die Komposition passen.

Alle hier gezeigten Beispiele – auch die blauen Sets links – wurden übrigens durch Abreiben mit dem Finger gedruckt und nach dem vollständigen Trocknen der Ölfarbe mit Fixativ besprüht. Aber trotz dieser Versiegelung würde ich die Sets bei täglicher Benutzung nicht gerade mit Ata abschrubben; das einfache Abwischen tut's sicher auch.

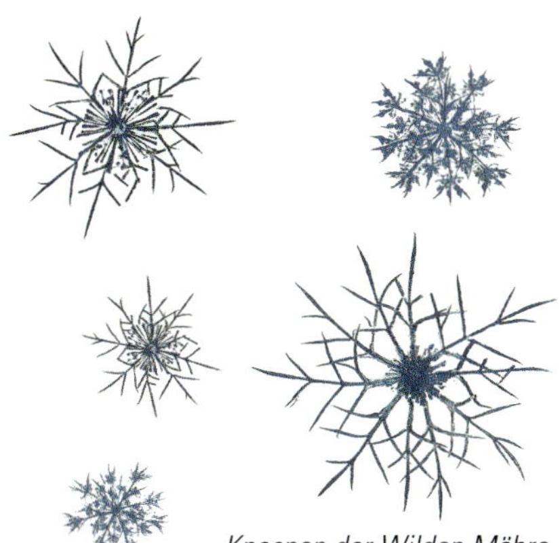

Knospen der Wilden Möhre

Drucken auf dunkler selbstklebender Folie

Helle Drucke auf dunklem Grund sehen sehr reizvoll aus, aber leider findet man im Handel nur selten einfarbige, also ungemusterte, Objekte dafür. Das Problem lässt sich jedoch leicht lösen, wenn Sie selbstklebende Folie bedrucken, mit der Sie dann später diverse Dinge Ihrer Wahl beziehen. Schon die wenigen Beispiele hier zeigen, wie Sie Ordnern, Sammelmappen oder auch nur einfachen Notizblöcken eine ganz persönliche Note geben können.

Damit Ihr Druck sich gut vom dunklen Grund in Schwarz, Dunkelgrün oder Dunkelblau abhebt, müssen Sie zuvor die Druckfarbe aufhellen. Für die Ritterspornblätter auf dem Bild rechts unten wurde zum Beispiel Saftgrün mit ziemlich viel Königsblau hell gemischt. Beim Drucken auf Folie sind einige Besonderheiten zu beachten, die sich aus der glatten Oberfläche des Materials ergeben. Im Gegensatz zum Papier sinkt die Druckfarbe auf der Folie nicht teilweise ein, sondern liegt oben auf. Das hat zur Folge, dass der frische Druck sehr empfindlich ist und bei versehentlicher Berührung leicht verwischt. Rollt man beim Drucken mehrmals mit der Rolle über das Papier bzw. Moosgummi, verliert er seine Brillanz.

Die sicherste Methode ist der „Druck aus einem Guss": Färben Sie Ihre Druckobjekte wie gewohnt ein, befördern Sie sie mit Hilfe des „Papiertabletts" behutsam auf den richtigen Platz und rollen Sie mit der Kuchenrolle darüber. Auf diese Weise sind auch die Gräser auf der linken Abbildung entstanden.

Wollen Sie aber ein einziges Blatt mehrmals hintereinander drucken wie auf den Ordnern rechts, dann wenden Sie die Abreibetechnik mit dem Finger an. Durch das Transparentpapier, das über dem eingefärbten Blatt liegt, können Sie den zuletzt gemachten Druck gut sehen und es so vermeiden, dass Sie versehentlich darüber reiben und dadurch Farbe abnehmen.

Auch der Einsatz von Überschneidungen ist auf Folie ein Wagnis und verlangt einige Erfahrung. Verzichten Sie lieber am Anfang darauf und freuen Sie sich über die reizvollen Ergebnisse, die Sie auch ohne solche Kunstgriffe erzielen können.

Kleinere Patzer oder Flecken lassen sich – aber bitte vorsichtig – mit einem Q-Tip oder einem sauberen kleinen Lappen entfernen. Und sollte mal ein ganzer Druck misslungen sein, dann können Sie ihn – vor allem von glänzender Folie – ohne weiteres mit Terpentinersatz abwischen. Versuchen Sie Ihr Glück einfach ein zweites Mal! Stellen Sie sich beim Drucken auf Folie auf deutlich längere Trockenzeiten ein und legen Sie Ihre Drucke während des Trocknens nicht aufeinander. Erst wenn sie ganz trocken sind, können Sie sie weiterverarbeiten und ganz zum Schluss noch mit einer dünnen Schicht Fixativ (zum Beispiel der Firma Kreul) überziehen.

Fotobücher, Schachteln ... mit Folie beziehen

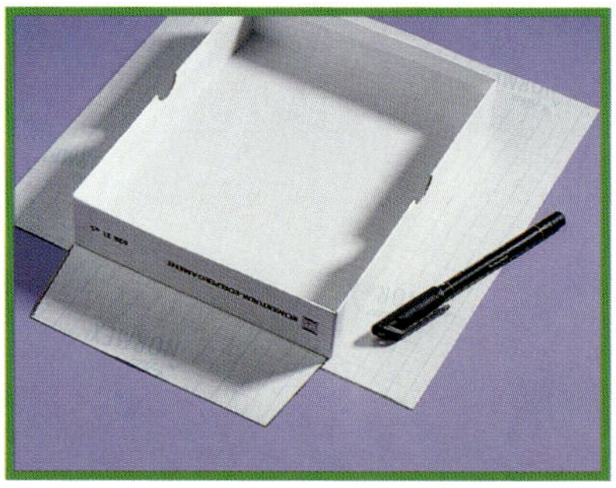

Es macht sehr viel Spaß, alle möglichen Dinge mit durch Naturdruck veredelter Folie zu bekleben: zum Beispiel Sammelmappen (siehe Seite 29 unten), Einsteck-Fotobücher oder große und kleine Ordner, Hefte, Schreib- und Notizblöcke, ja sogar Streichholzschachteln. Und nicht zu vergessen: Schachteln aller Art zum Aufbewahren von 100 Kleinigkeiten.

Das Bekleben verschiedenster Dinge mit selbstklebender Folie ist nicht schwer, man muss sich nur erst an die besonderen Eigenschaften des Materials gewöhnen. So ist es etwas knifflig, die Ecken zu beziehen. Das Foto oben links zeigt den bewährten Buchbindertrick, um schöne Ecken zu erreichen: Kleben Sie zunächst eine Seite der Folie nach innen und drücken Sie den winzigen Überstand an der Ecke mit dem Falzbein nach unten, bevor Sie die nächste Seite nach innen kleben. Beim Zuschneiden der Folie ist generell darauf zu achten, dass diese am jeweils zu beklebenden Objekt ausgerichtet ist. So muss sie zum Beispiel beim Beziehen von Schachteln rundherum so überstehen, dass sie doppelt so hoch wie die Seitenteile der Schachtel ist (siehe mittleres Foto oben).

Mit viel weniger Arbeitsaufwand als Sammelmappen und Schachteln (die Schritt-für-Schritt-Anleitungen finden Sie sämtlich auf dem Vorlagenbogen) lassen sich alte oder neue Ordner durch Bekleben mit naturdruckgeschmückter Folie veredeln. Das Foto oben rechts zeigt Ihnen den kleinen Trick, mit dem Sie größere Folienstücke exakt aufkleben können: Kleben Sie nach dem Abziehen des Papiers eine Längsseite der Folie auf ein Lineal. So können Sie die Folie mit der linken Hand gut steuern, wenn Sie sie langsam absenken und mit der rechten Hand feststreichen. Um den Naturdruck auf der Folie nicht durch zu kräftiges Reiben zu gefährden, legen Sie einfach ein Stück von dem abgezogenen Folienpapier zwischen den Druck und die reibende Hand.

Kleine Luftblasen können Sie mit einer feinen Nadel vorsichtig aufstechen.

Materialdruck

Der Materialdruck kann in diesem Buch leider nur kurz gestreift werden, aber soviel sollten Sie wissen: Nicht nur Pflanzliches aller Art lässt sich drucken, sondern auch die verschiedensten Materialien, wie zum Beispiel Muscheln, Federn, Stoffstrukturen und vieles mehr.

Federn zu drucken finde ich besonders reizvoll, ganz gleich, ob Hell auf Dunkel oder Dunkel auf Hell. Nur sollte man sie nicht zu dick mit Farbe einwalzen, weil sie sonst leicht verkleben.

Auch Spitzen sind dankbare Druckobjekte. Auf dem Foto rechts zieren Sie ein Einsteck-Fotoalbum und ein Notizheft. Die gestrickte Spitzendecke auf der blauen Schachtel daneben stammt übrigens aus dem reichen Fundus meiner Schwiegermutter. In unseren modernen Wohnungen finden wir ja meist keine Verwendung mehr für solche kleinen Kunstwerke aus vergangenen Zeiten, aber als gedruckter Schmuck mit nostalgischem Reiz können Sie – wie hier – zu neuem Leben erweckt werden.

Beim Materialdruck ist alles erlaubt, was gefällt. Selbst mit eingefärbten Wollfäden oder Kordeln – in geheimnisvollen Verschlingungen – lassen sich interessante Ergebnisse erzielen. Und auch mit nicht zu glatt gehobelten Holzfurnieren, wie das Beispiel rechts unten zeigt.

Farbige Gestaltung des Hintergrundes

Auch wenn der klassische Naturdruck eine Schwarzweißtechnik ist, kann man durch den Einsatz von Farbe doch sehr reizvolle Ergebnisse erzielen, selbst wenn sie – wie hier – zunächst nur für den Hintergrund eingesetzt wird.
Die einfachste Variante ist dabei das Drucken auf farbigem Papier wie bei den Briefbögen oben. Eine zweite Möglichkeit ist das Überrollen kleinerer Drucke mit der Farbwalze, die Sie zuvor auf der Glasscheibe mit einer dünnen, gleichmäßigen Farbschicht in einem zarten Ton eingefärbt haben. Die drei Karten im Querformat in der Mitte des großen Fotos rechts sind auf diese Weise entstanden. Damit die Farbfläche schön rechtwinklig abschließt, decken Sie den Rest der Karte vor dem Farbauftrag einfach mit einem Stück Papier ab (1).
Die fünf Karten auf Seite 33 unten zeigen eine Steigerung dieser Methode. Zu der Hintergrundfarbe kommt noch ein Negativdruck in Weiß. Aber bekommen Sie jetzt keinen Schrecken! Was vielleicht kompliziert klingt, ist in Wirklichkeit ganz einfach: Drucken Sie Ihre kleinen Pflanzenmotive diesmal auf schmale Streifen aus zartem Japanpapier. Diese müssen in Höhe und Breite kleiner sein als die Faltkarten, die Sie später mit den Negativdrucken bekleben wollen. Legen Sie dann die eben gedruckte (oder auch eine andere) Pflanze uneingefärbt auf den Pflanzendruck und rollen Sie mit der Farbwalze in einem anderen, zarteren Ton darüber – schon haben Sie einen Negativdruck (2).

1

Das helle Blau hinter dem Farn auf der Abbildung rechts und das lichte Violett auf der rechten Karte darunter wurden auf andere Weise auf das Papier gebracht: Ein etwa 5 mm starkes Stück Styropor in entsprechender Größe wurde mit der Farbwalze „satt" eingefärbt und dann mit Hilfe der bewährten Kuchenrolle über die bereits gedruckte Pflanze gedruckt. Bei dem Stiefmütterchen auf der nächsten Seite erfüllte ein Stück eingefärbte und in leichte Falten gelegte Plastikfolie den gleichen Zweck.

2

Einsatz von Farbspray für den Hintergrund

Diese Seite dürfen Sie gerne überschlagen, wenn Ihnen die Technik langsam zu aufwendig wird. Aber den Unerschrockenen unter Ihnen möchte ich die Möglichkeiten, die im Einsatz von aufgesprühter Farbe liegen, nicht vorenthalten.

Natürlich werden die wenigsten von Ihnen eine Spritzpistole mit Kompressor zur Verfügung haben, die Sie jetzt eigentlich bräuchten. Aber es gibt auch annehmbare Alternativen. Nach langem Suchen fand ich eine Pumpsprayflasche der Firma Javana, die für „Airbrush auf Stoff und Seide", also vor allem für die Seidenmalerei, verwendet wird.

Zunächst mischte ich aus Acrylfarbe aus der Tube und relativ viel Wasser einen rosa Farbton, der ungefähr die Konzentration von verdünnter Tinte hatte. Um eine Verstopfung der Düse zu vermeiden, filterte ich das Gemisch durch ein Stück Seide und wagte das Experiment.

Von meiner Spritzpistole verwöhnt, störte mich zunächst der etwas körnige Farbauftrag, bis ich bemerkte, dass die gesprühte Fläche durch die leichte Struktur recht lebendig wirkt.

Völlig ausgereift ist diese Methode sicher noch nicht. So bleibt Ihnen ein großer Freiraum für eigene Entdeckungen und Erfahrungen, und gerade das macht kreatives Arbeiten ja so spannend!

Zum Sprühen zunächst ein allgemeiner Hinweis: Verwenden Sie einen transparenten, hellen Farbton und sprühen Sie in mehreren Schichten. Vor jedem neuen Übersprühen muss die Farbe trocken sein. Ein Föhn beschleunigt den Trocknungsprozess.

Die Drucke werden mit Stecknadeln auf einer Styroporplatte (aus dem Baumarkt) befestigt (siehe Abb. oben). Diese sollte senkrecht stehen, damit der Farbnebel im rechten Winkel auftrifft. Decken Sie den Tisch mit Papier ab, um ihn vor der Farbe zu schützen. Weil man das Sprühen der Farbe kaum steuern kann und sich der Farbnebel immer auf der ganzen Fläche verteilt, müssen Sie die Partien im Bild, die

von der Farbe ausgespart werden sollen, abdecken. Da der Druck auf Seite 36 links oben zum Beispiel nur einen rosa Rand erhalten sollte, wurde die Bildmitte mit einem Rechteck aus leichtem Karton abgedeckt. Damit der Karton nicht verrutscht, befestigt man ihn am besten mit doppelseitigem Klebestreifen.
Beim rechten Druck dagegen sollte der Hintergrund, nicht aber das gedruckte Blatt oder der Rand, farbig werden. Deshalb wurde das grüne Blatt mit seinem Gegendruck (erinnern Sie sich?) und der Bildrand mit einem Rahmen aus Karton vor der Farbe geschützt.
Eine sehr praktische Art der Abdeckung von gedruckten Pflanzen ist das Auftragen von Rubbelkrepp mit einem feinen Pinsel. Voraussetzung dafür ist nur, dass die Ölfarbe des Druckes vollständig getrocknet ist – sonst gibt es ein Malheur! Die Naturdrucke auf den Briefbögen rechts wurden auf diese Weise vor der Farbe geschützt, während die Schreibfläche innen mit einem Karton in der entsprechenden Größe abgedeckt wurde.
Vielleicht werden Sie jetzt denken: „Du liebe Zeit! So viel Aufwand für einen einzigen Briefbogen ...", und ich gebe Ihnen Recht. Aber da gibt es zum Glück die Möglichkeiten, die die Farbkopie eröffnet. Davon wird später noch ausführlich die Rede sein.

Drucken mit mehreren Farben

Jahrzehntelang verband ich mit dem Begriff „Naturdruck“ nur das Drucken von grünen Pflanzen oder Pflanzenteilen. Es wäre mir gar nicht in den Sinn gekommen, auch farbige Blüten zu drucken. Wie sollten diese zarten Gebilde alleine schon das Einfärben überstehen? Ausgeschlossen!
Vor noch gar nicht so langer Zeit fiel mir jedoch die Broschüre eines japanischen Naturdruckers in die Hände, der tatsächlich mehrfarbige Blütenbilder gedruckt hatte. Mit den japanischen Erklärungen zu den Abbildungen hatte ich so meine Schwierigkeiten, darum war ich auf eigenes Experimentieren angewiesen. Und was dabei herausgekommen ist, möchte ich Ihnen in diesem und in den nächsten Kapiteln zeigen.
Zunächst zum roten Mohn. Jedermann weiß, wie schwer es ist, blühenden Mohn heil nach Hause zu bringen. Aber da gibt es einen einfachen Trick: Pflücken Sie am Vortag einen Strauß mit vielen großen Knospen. Schon am nächsten und an den kommenden Tagen werden die Knospen sich nach und nach öffnen, und die Blüten werden Ihnen in reicher Auswahl zur Verfügung stehen. Sie werden auch viele davon benötigen, denn natürlich gelingt der Druck eines so zarten Gebil-

Klatschmohn

Ahorn

des nicht gleich beim ersten Anlauf. Lassen Sie sich Zeit, probieren Sie aus – und geben Sie nicht auf!
Wenn Sie mit dem Drucken von Mohnblüten einigermaßen vertraut sind, drucken Sie sie auf größeres Papier oder auf weiße Folie (wie auf der Sammelmappe auf Seite 38 unten zu sehen) – je eine in den oberen Bereich des Blattes bzw. der Folie. Die gelungensten Drucke können Sie dann durch die grünen Pflanzenteile ergänzen. Was dabei zu beachten ist, wurde schon auf Seite 34 beschrieben. Auch bei den beiden Sets unten wurden zuerst die Blüten und erst danach die Blätter gedruckt.
Eine andere Möglichkeit des mehrfarbigen Naturdrucks zeigt das Beispiel oben: Hier wurden die verschiedenen Farbtöne nicht nacheinander, sondern gleichzeitig gedruckt. Das Ahornblatt färbt man, jeweils mit einer eigenen Farbwalze, gelbgrün, orange und karminrot ein und druckt es anschließend wie gewohnt.
Lassen Sie sich von den Herbstblättern zu weiteren Farbkombinationen anregen und Sie werden sehen, dass Sie gar nicht mehr aufhören können!

Drucken einer farbigen Hortensie

Der japanische Naturdrucker zeigt in seiner Broschüre auch eine gedruckte Hortensie, aber wie ihm dieser Druck gelungen ist, blieb zunächst sein Geheimnis. Ein Geheimnis, das mir keine Ruhe ließ. Nach vielen unbefriedigenden Versuchen fand ich schließlich einen praktikablen Weg – und den möchte ich Ihnen hier vorstellen.
Schauen Sie sich die Blütendolde einer blauen Hortensie erst einmal ganz in Ruhe an. Sie werden viele verschiedene Blautöne entdecken – gerade das ist ja der besondere Reiz der Hortensie. Aus Königsblau hell, Ultramarin hell und Violettblau mischen Sie dann diese Töne auf einer Glasscheibe (1), färben einzelne Blüten ein, legen sie auf ein festes, nicht zu raues Papier (2) und drucken.
Nun schneiden Sie den Gegendruck (siehe Seite 24) aus (3), schützen damit die eben gedruckten Blüten und legen neue, eingefärbte darüber – manche mehr an den Rand, andere mehr in die Mitte. Haben Sie's bemerkt? Hier wird wieder mit Überschneidungen gearbeitet. Weil man-

2

1

3

4

5

6

che Blüten nur teilweise zu sehen sind, entsteht der Eindruck von Räumlichkeit. Bauen Sie die Blütendolde nach diesem Prinzip Schritt für Schritt weiter auf (4) und steigern Sie diesen Eindruck kontinuierlich (5).
Wenden Sie dieses Verfahren auch beim Druck der grünen Pflanzenteile an, vor allem im oberen Bereich (6). Die fertige Blütendolde wird dabei durch ihr aus Transparentpapier ausgeschnittenes Gegenstück geschützt. Erst danach drucken Sie den Stiel und die einzelnen Blätter nacheinander in verschiedenen Grüntönen.

Drucken mit zwei Farben auf schwarzem Glanzkarton

Ein besonders edel wirkender Untergrund für gedruckte Pflanzenbilder ist schwarzer Glanzkarton. Und weil Sie inzwischen ja schon zu den Fortgeschrittenen unter den Naturdruckern zählen, können Sie nun auch hier Mehrfarbigkeit einsetzen.
Die Clematisranke auf Seite 43 wurde nicht an einem Stück gedruckt, sondern wie ein Puzzle aus Einzelteilen nach und nach zusammengesetzt.
Suchen Sie sich einen schön geschwungenen Zweig, stellen Sie ihn neben Ihren Arbeitsplatz in eine Vase und machen Sie ihn zu Ihrem Lehrmeister: Wie sitzen zum Beispiel die Blätter am Zweig? Wo sind sie ganz zu sehen, wo gibt es Überschneidungen? Sie brauchen der Vorlage nicht allzu ängstlich zu folgen. Wichtig ist nur, dass Sie das Wesentliche dieser speziellen Pflanze erfassen und in Ihrem Bild einfangen.
Alles, was schon auf den Seiten 30/31 über das Drucken auf dunkler Folie gesagt wurde, gilt auch hier. Benutzen Sie nur beim „Druck aus einem Guss" die Kuchenrolle, beim kombinierten Druck vieler Elemente, die sich überschneiden, sollten Sie dagegen mit dem Finger abreiben.
Zum Schluss noch ein Tipp: Zwei sich überschneidende Objekte heben sich besser voneinander ab, wenn Sie ihre Kontur behutsam mit einem schwarzen Buntstift nachzeichnen.

Petunie

Deutzie

Petunie

Erdbeere

Hainbuche

Deutzie

„Viele Wege führen nach Rom" – und auch zur Mehrfarbigkeit beim Naturdruck.
Die Technik, die ich Ihnen nun zeigen möchte, ist so einfach und so überraschend schön in der Wirkung, dass sie ausführlich beschrieben werden soll. Beim kolorierten Naturdruck erhält das Bild seine Farbigkeit nicht – wie bei der Hortensie eben – durch die Ölfarbe des Drucks, sondern durch ein nachträgliches Übermalen mit Aquarell – oder Acrylfarbe (siehe Seite 46). Lassen Sie sich dabei durch die hier gezeigten Beispiele anregen oder versuchen Sie, sie nachzuarbeiten. Die eigenen Ideen kommen ganz von alleine, wenn Sie mit offenen Augen durch die Natur gehen.

Wie Sie sehen, wird die ganze Clematisranke mit einer einzigen Farbmischung gedruckt, und zwar auf ein festes, leicht saugendes Aquarellpapier mit relativ glatter Oberfläche: zuerst der Zweig mit allen Blättern, die sich nicht überschneiden (mit der Kuchenrolle), als zweites die Blüten und zum Schluss die Hintergrundblätter (beides mit Fingerabrieb). Kleinere Zweige, wie die auf dem Briefpapier links, können Sie natürlich als Ganzes drucken. Übrigens macht es gar nichts, wenn einzelne Blätter oder Blüten im Druck etwas blass ausfallen – im Gegenteil: Gerade die Ungleichmäßigkeit der Farbdichte sorgt im kolorierten Druck für eine lebendige Wirkung!
Im nächsten Schritt wurde die Clematisranke (wie auch das Briefpapier) mit Aquarellfarben koloriert. Mehr darüber erfahren Sie auf der Seite 46. Bevor Sie mit dem Kolorieren eines gelungenen Drucks beginnen, sollten Sie diese Technik erst einmal an Probedrucken ausprobieren. So sammeln Sie Erfahrungen, die Ihnen später zugute kommen.

Clematis

Kolorieren mit Acryl

Zum Kolorieren können Sie sowohl Aquarell- als auch Acrylfarben benutzen. Beide sind mit Wasser vermalbar und können in transparenten Farbschichten aufgetragen werden, sodass darunter liegende Farbschichten noch durchscheinen. Das ist gerade beim kolorierten Naturdruck sehr wichtig, denn die Farbe soll die feinen Strukturen in den gedruckten Pflanzen ja nicht „übertünchen", sondern unterstreichen. Als Pinsel eignen sich für beide Farbqualitäten Synthetikpinsel mit feinen Spitzen (Stärke 5-6).
Für das Kolorieren mit Aquarell benötigen Sie nur einen Farbkasten (er kann viel kleiner sein als der auf Seite 44), einen Pinsel und Wasser. Bei der Arbeit mit Acrylfarben kommen noch ein paar andere Dinge hinzu:
Die Farben mischt man am besten auf einer Glasscheibe, mit der Blumenspritze halten Sie die Farben feucht und mit dem Spachtel schieben Sie eingetrocknete Farbschichten (nach einer Dusche mit der Blumenspritze) zusammen. Küchenkrepp ist praktisch zum Reinigen der Scheibe, trans-

Glyzinie

Goldregen

parente Folie zum Abdecken noch brauchbarer Farbreste auf dem Glas – zum Beispiel über Nacht. Vor dem Abdecken sollten Sie die Farben aber unbedingt mit Wasser besprühen.

Sie merken sicher schon: Acrylfarben trocknen sehr schnell, und im Gegensatz zu Aquarellfarben lassen sie sich nach dem Trocknen mit Wasser nicht mehr lösen. Die schnelle Trockenzeit bietet beim Malen selbst aber so viele Vorteile, dass sie diesen kleinen Nachteil bei weitem aufwiegen.

Ganz gleich, ob Sie nun mit Aquarell- oder mit Acrylfarben kolorieren: Gehen Sie behutsam ans Werk! Probieren Sie jede Farbmischung erst auf einem Extrablatt, das neben Ihrem Bild liegt, aus, und malen Sie lieber zwei- oder gar dreimal mit zu wenig Farbe über dieselbe Stelle als einmal mit zu viel – Korrekturen sind nämlich kaum möglich.

Nun wünsche ich Ihnen viel Freude und gutes Gelingen. Und wenn Ihr Bild fertig vor Ihnen liegt, können Sie es mit Fug und Recht signieren: Es ist Ihr Werk!

Je länger Sie sich mit dem Naturdruck befassen, desto größer wird Ihre Sammlung gelungener Ergebnisse. Aber ist es nicht ein Jammer, wenn Ihre schönen Werke, auf die Sie mit recht stolz sind, in irgendwelchen Sammelmappen verschwinden und keine Beachtung mehr finden?
Das darf einfach nicht sein! Darum möchte ich Ihnen hier eine Möglichkeit zeigen, Ihre Lieblingsdrucke in verwandelter Form Ihren Freunden und Bekannten vorzuführen. Auf diese Weise können Sie sich selbst und den Beschenkten eine Freude machen.
Durch Zufall entdeckte ich, dass man die Schwarzweißkopie für diesen Zweck einsetzen kann. Mit dem Kopierer lassen sich schöne Naturdrucke in beliebiger Zahl, Größe und Farbigkeit (farbiges Tonpapier) vervielfältigen und zu Geschenktüten aller Art weiterverarbeiten. Eine kleine Auswahl sehen Sie rechts. Aber ich warne Sie! Das Tütenfalten kann, ebenso wie der Naturdruck selbst, zur Sucht ausarten. Sollten Sie trotzdem bereit sein, sich darauf einzulassen, werde ich Sie nun in das Know-how einführen. Die Fotos unten zeigen die wichtigsten Schritte auf dem Weg zur fertigen Tüte: das Faltschema (1), das Zusammenkleben mit dem Prittstift (2) und das Knicken des Tütenbodens (3), das ich am Anfang etwas knifflig fand. Üben Sie es einige Male mit einfachem Papier, bis Sie den Bogen raushaben und Ihnen das Zusammenfügen des Bodens problemlos gelingt (4).
Eine genaue Beschreibung der einzelnen Schritte und alle nötigen weiteren Informationen finden Sie auf dem Vorlagenbogen.
Übrigens: Das Tränende Herz auf der schwarzroten Tüte rechts ist kein Naturdruck und auch nicht die Kopie eines solchen, sondern die direkte Kopie einer getrockneten und gepressten Pflanze. Nachdem alle meine Versuche, dieses zarte Etwas zu drucken, gescheitert waren, probierte ich es einmal mit dem Kopierer – und war überrascht von dem Ergebnis.

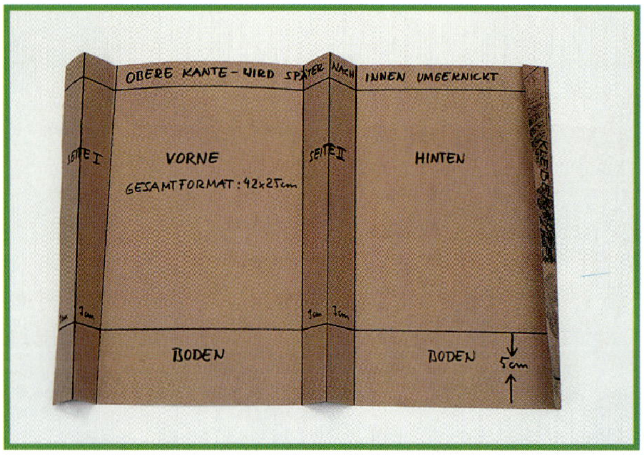

1

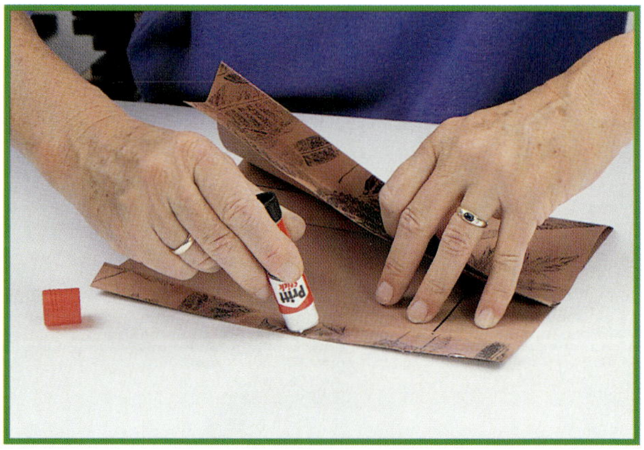
3

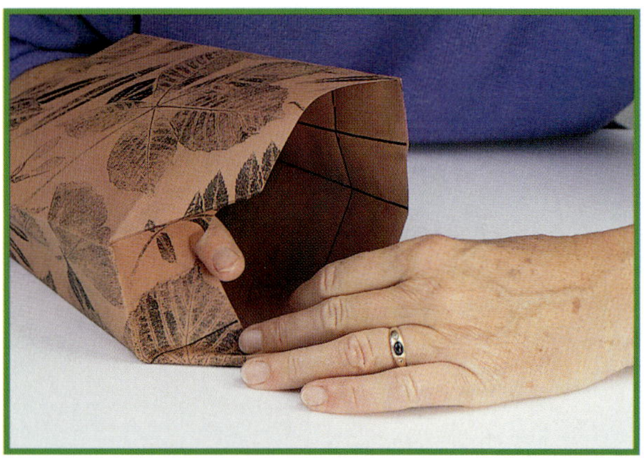
2

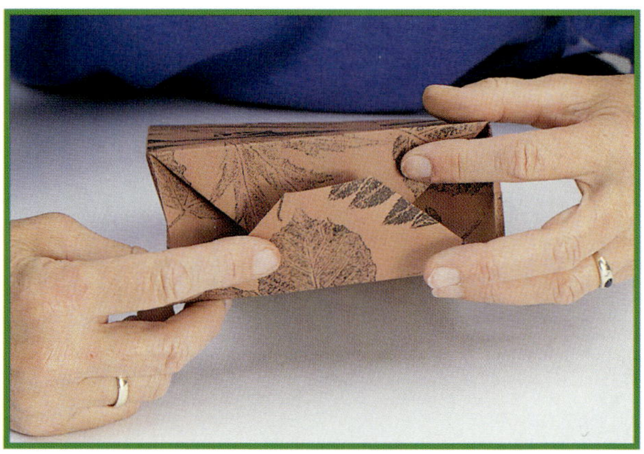
4

Vivaldi
L'inquietudine
La notte
RESONANCE

Die übermalte Kopie – Mut zum Experiment!

Die Schwarzweißkopie eröffnet noch andere, ungeahnte Möglichkeiten: Gelungene Naturdrucke, die Sie vielleicht durch das Kolorieren zu verderben fürchten, können mittels Fotokopie beliebig oft vervielfältigt und in Farbe und Größe variiert werden. Das Bewusstsein, dass man die Möglichkeit hat, zu experimentieren und viele neue Anläufe zu starten, kann ungeheuer befreiend wirken und fördert so die eigene Kreativität.

Die Blüte der rosa Hortensie rechts war zum Beispiel im Druck etwas blass geworden. Beim Übermalen der Kopie jedoch erwies sich das als Pluspunkt: Mit nur wenigen transparenten Blautönen ließ sich die Blüte auf dem hellvioletten Grund überraschend schön herausarbeiten. Die grünen Blätter wirkten auf der Kopie allzu dunkel, aber nach einer leichten Übermalung bilden Sie nun ein schönes Gegengewicht zu der Zartheit der Blüte.

Wenn Sie, wie bei den beiden Beispielen auf Seite 51 oben, von einem sehr dunklen Grund ausgehen wollen, müssen Sie deckende Farben benutzen (siehe Foto unten). Der Umgang damit setzt einige Erfahrungen im Malen voraus und ist sicher nicht von jedem nachvollziehbar. Aber ich wollte Ihnen doch wenigstens zeigen, was möglich ist.

Leider kann man nur dünneres Papier zum Kopieren verwenden, und das wird beim Übermalen leicht wellig. Was Sie dagegen tun können, steht auf Seite 62 unter dem Stichwort „welliges Papier".

J. Lucht 96

J. Lucht 96

Wie jeder gelungene Naturdruck ist auch eine gut übermalte Kopie ein Unikat, ein eigenständiges Bild, das – schön gerahmt – den Raum schmückt. Aber hier sehen Sie, dass man mit Hilfe eines Kopierers noch ganz andere Dinge machen kann. Für eine Farbkopie müssen Sie zwar etwas tiefer in die Tasche greifen, aber es lohnt sich.

Sie werden überrascht sein, welch reizvolle Varianten Ihrer Werke der Farbkopierer produziert. Und nicht nur das: Er kann jedes Motiv in der gewünschten Anzahl und Größe liefern, von DIN A3 bis winzig klein. Nicht zuletzt „bügelt" er alle Falten und Wellen aus, die sich trotz Ihrer Bemühungen nicht ganz aus dem Original der übermalten Kopie vertreiben ließen.
Kommt Ihnen der weiße Baum auf Blau bekannt vor? Der Druck wird mit dem Kopierer auf eine Größe von 9 x 12 cm verkleinert, anschließend klebt man die Kopien mit Sprühkleber auf hochwertige Faltkarten. Und schon hat man die ideale Weihnachtskarte!
Wenn Sie sie verschenken wollen, suchen Sie sich eine Schachtel in entsprechender Größe und bekleben Sie sie innen und außen mit farbigem Papier. Für den Boden rechts und links überziehen Sie je ein Kartonstück in Bodengröße mit dem Bezugspapier und bringen dort vor dem Einkleben die weichen Gummibänder an, die die Umschläge einerseits und die Karten andererseits zusammenhalten sollen. Den Karton habe ich übrigens in einem Sammelsurium von Kartonagen, die in einem Schreibwarengeschäft der Entsorgung harrten, entdeckt. Ich entsorgte ihn auf meine Weise ...
Nicht nur Briefkarten, auch Briefbögen können Sie mit Hilfe des Farbkopierers beliebig oft vervielfältigen. Das ist vor allem dann sinnvoll, wenn die Herstellung des Originals sehr aufwendig war (Seite 36/37). Außerdem schreibt es sich auf dem Fotokopierpapier ausgesprochen angenehm.
Das große Foto rechts spricht eigentlich für sich und bedarf keiner Erklärung. Am Beispiel der blauen Hortensie wollte ich Ihnen zeigen, was man alles mit einem einzigen Motiv „veredeln" kann: von der großen Sammelmappe bis hin zur Streichholzschachtel.

„Nanu?“

Zum Glück weiß man heute, wie wichtig das Spiel für die Entwicklung unserer Kinder ist. Nur für Kinder? Ich denke, wir Erwachsenen brauchen es mindestens genauso. Jede Kreativität ist Spiel, ein von Leistungswillen und Leistungsdruck befreiter Umgang mit den schöpferischen Kräften in uns. Natürlich gehört zum kreativen Spiel Fantasie, und viele behaupten von sich, die hätten sie eben einfach nicht. Aber das glaube ich nicht. Ich nehme eher an, dass die Fantasie auf dem Weg ins Erwachsenendasein verschüttet werden oder an „Unterernährung“ fast eingehen kann. Aber sie lässt sich durch kreative Aktivität wieder beleben. Dazu möchte dieses Buch Sie ermutigen. Fangen Sie einfach an, und Sie werden es an sich selbst erleben: Je länger Sie sich über die Beschäftigung mit dem Naturdruck mit Farben und Formen auseinander setzen, desto lebhafter wird Ihre Fantasie.

Und dann kann es Ihnen passieren, dass auch ein bisschen „verrückte“ Bildvorstellungen in Ihnen auftauchen – „nanu?“ Mittels Naturdruck lassen sich auch solche Ideen spielerisch in Bilder umsetzen.

Ob Sie das Bild auf Seite 55 unten auch als Spaß auffassen oder es philosophisch interpretieren, bleibt Ihnen überlassen. Es ist meinem Sohn ge-

„Gegen den Strom"

widmet, dem es schon im zarten Alter von sechs Jahren suspekt vorkam, „mit dem Strom zu schwimmen". Das schloss ich jedenfalls damals aus folgender Begebenheit: Als wir wieder einmal an unserer Bushaltestelle den Gegenbus beobachteten, der uns die baldige Ankunft „unseres" Busses ankündigte, erklärte er plötzlich tiefernst: „Jetzt weiß ich endlich, was ich werde. Ich werde Gegenbusfahrer!" Die Fische auf diesem Bild wurden aus lauter verschiedenen Spitzwegerichblättern in einem dunklen bräunlichen Ton gedruckt und später mit einem Hauch Aquarellfarbe koloriert – ebenso wie der Schmetterling oben, für den ein Gingkoblatt die Form lieferte. Der Pfau von Seite 54 unten wurde dagegen aus einzelnen Teilen von Kastanienblättern gleich mehrfarbig gedruckt. Seine Pfauenaugen sind Naturdrucke meiner Fingerspitzen.

Mit viel Fantasie und Spaß bei der Sache ...

Naturdruck ist durchaus nicht nur eine Technik für Erwachsene – im Gegenteil. Wenn man sie danach fragt, erzählen erstaunlich viele Kinder von ihren Erfahrungen mit dem Blätterdrucken und wie viel Spaß ihnen das gemacht hat. Und der beginnt schon beim Blättersuchen.
Hier demonstriert die kleine Sandra, wie Kinder bereits im Vorschulalter problemlos drucken können: Sie malt die Rückseite eines Blattes einfach mit einem dickeren Pinsel und mit Farben aus dem Malkasten an (1), die sie vorher mit etwas Deckweiß vermischt hat. Dadurch verlieren die Wasserfarben etwas von ihrer wässrigen Konsistenz und haften besser auf dem Blatt. Dann legt sie das eingefärbte Blatt auf weißes Papier, deckt es mit Transparentpapier ab (2), hält beides mit der linken Hand fest und reibt mit der rechten darüber (3). Für Kinderhände geht es so am leichtesten.
Allerdings haben mir Kinder auch von Druckverfahren berichtet, die ich noch nicht kannte. „Wir drucken immer mit einem Katalog!" Ich war verblüfft.

1

„Naja – wir legen das angemalte Blatt zwischen weißes Papier und beides zusammen in einen alten Katalog. Und dann setzen wir uns einfach drauf."

2

Kein Zweifel – das klappt bestimmt! Aber zurück zu Sandras Blätterfisch. Auf dem Foto Nummer 4 löst sie das eingefärbte Blatt behutsam von sei-

3

nem Abdruck, fügt dann noch einen gedruckten Ahornsamen als Schwanz an, malt die Augen mit Filzstiften auf (5) – und fertig ist der Zauberfisch! Weil das so viel Spaß gemacht hatte, gestaltete Sandra mit den anderen Kindern ihrer Gruppe gleich eine ganze Unterwasserlandschaft: ein Schmuck nicht nur für den Gruppenraum im Kindergarten, sondern auch für jedes Kinderzimmer.

4

5

6

Naturdruck auf Stoff

Ein Buch über den Naturdruck wäre unvollständig, ohne das Thema Stoffdruck zumindest kurz zu streifen. Das Drucken pflanzlicher Elemente auf Stoff eröffnet so viele neue Möglichkeiten der Anwendung, dass man damit mühelos ein zweites Buch dieser Art füllen könnte. Hier möchte ich mich nur auf das Wesentliche beschränken und Ihnen das weite Feld zum eigenen Entdecken überlassen. Bedrucken können Sie grundsätzlich alle Stoffe, die keine zu grobe Struktur besitzen.

Inwieweit Synthetikgewebe geeignet sind, kann ich nicht beurteilen, weil ich Stoffe aus Leinen, Halbleinen, Baumwolle und Seide bevorzuge. Alle Stoffe sollten Sie vor dem Bedrucken waschen, damit sie ihre Appretur verlieren und sich die Farbe besser mit der Faser verbindet.

Die Stoffdruckfarbe für Handdruck von Deka wird in vielen Tönen angeboten, die sich auch untereinander mischen lassen. Sie ist ein bisschen zäher als Künstlerölfarbe und daher für robustere Druckobjekte besser geeignet als für feine. Ansonsten geht man in der gleichen Reihenfolge vor wie bisher: 1. Einfärben, 2. Abdrucken mittels Küchenrolle oder per Hand, 3. eventuell Verdünnen der Farbe, 4. späteres Reinigen von Werkzeugen, Glasscheibe und Händen mit Terpentinersatz.

Nachdem die Stoffdrucke vollständig getrocknet sind, müssen sie „fixiert", d. h. mit einem heißen Bügeleisen von der linken Seite sorgfältig gebügelt werden. Danach können Sie empfindliche Stoffe wie Seide beliebig oft mit der Hand, andere Stoffe sogar in der Waschmaschine bei 40° waschen.

Um Ihnen zumindest an einem Beispiel die Möglichkeiten des Stoffdrucks zu demonstrieren, erstand ich bei Aldi gleich einen ganzen Schwung sehr preiswerter Stofftaschen. Nach dem Waschen und Bügeln waren sie – und ich – bereit: die Taschen zur Aufnahme verschiedenster Dekore und ich zur Hingabe an einen wahren Druckrausch. Das Ergebnis sehen Sie hier.

Später kam ich dann noch auf die Idee, solche Taschen mit Simplicol Textilfarbe in der Waschmaschine zu färben. Wenn Sie Jeansblau in nicht zu starker Konzentration zum Färben verwenden, erhalten Sie einen sehr schönen Untergrund für Drucke in Schwarz.

Um erste Erfahrungen mit dem Stoffdruck zu sammeln, bieten sich Stofftaschen geradezu an: Wenn etwas missglückt, verarmt man nicht gleich, und wenn der Druck gelingt, hat man etwas ganz Besonderes.

Eine Herzensangelegenheit

Pfeifenwinde oder Großblättrige Osterluzei

Der Botanische Garten ist eine Fundgrube für den Naturdrucker. Die ohnehin schon mehr als reiche Auswahl an für den Druck geeignetem Pflanzenmaterial außerhalb seiner Mauern wird durch seine Schätze noch erheblich bereichert. Doch natürlich darf man die Pflanzen nicht einfach pflücken. Anders ist es jedoch im Spätherbst. Wenn die Laubbäume und Büsche uns ihre Blätter „zu Füßen legen", dürfen wir nach Herzenslust zugreifen.

Auf einem solchen Spaziergang begegnete ich zum ersten Mal dem Herzblatt der Pfeifenwinde – es war Liebe auf den ersten Blick!

Nicht nur die vollendete Form faszinierte mich, sondern auch die Tatsache, dass an ein und derselben Pflanze Blätter mit enormen Größenunterschieden zu finden sind, wie die Drucke auf der großen Sammelmappe und der dagegen winzig wirkenden Streichholzschachtel unten zeigen. Seitdem ist mein Blick geschärft, und wo immer ich meine „Herzblätter" entdecke, bin ich versucht, ein paar von ihnen mitzunehmen, um neue Druck- und Anwendungsmöglichkeiten auszuprobieren. Eine Auswahl davon zeigt das große Foto rechts.

Auch Ihnen wird es so ergehen, wenn Sie sich auf den Naturdruck einlassen. Während Sie nach Blättern, Blüten und Pflanzen suchen, die für den Druck geeignet sind, werden Sie die Natur und ihren Formenreichtum mit neuen Augen sehen lernen und Dinge entdecken, die Sie zuvor nie wahrgenommen haben.

Der Naturdruck gibt Ihnen die Möglichkeit, das eher passive Staunen in aktives, kreatives Tun umzusetzen. Und dabei wünsche ich Ihnen viel Freude.

Die meisten Materialien und Werkzeuge, die in diesem Buch vorkommen, erhalten Sie in Fachgeschäften für Künstlerbedarf. Eine zweite wichtige Quelle sind die Schreibwarengeschäfte und die entsprechenden Abteilungen in den Kaufhäusern, eine dritte die Hobby- und Bastelläden. Sie können sich aber auch alles in Ruhe im Katalog aussuchen und bestellen bei:
Johannes Gerstäcker Verlag GmbH
Wecostraße 4, 53783 Eitorf
Tel.: 02243/88992, Fax: 02243/88945
Den über 700 Seiten starken Katalog schickt man Ihnen auf Anfrage zu.

Papiere: Grundsätzlich sind alle Papiere für den Naturdruck geeignet, die eine relativ glatte Oberfläche haben. Eine zu starke Struktur beeinträchtigt die Schönheit des Druckes. Sehr empfehlenswert ist bei größerem Konsum das preiswerte Papier für Farbkopien aus dem Copy-Shop.

Welliges Papier: Um welliges Papier zu glätten, legen Sie es 5 bis 6 Minuten lang zwischen ein feuchtes weiches Tuch und eine Glasscheibe (beides muss größer sein als das Bild) und beschweren das Ganze mit ein paar Büchern. Danach wird das leicht durchfeuchtete Bild zwischen saugfähigen Pappen (oder auch Papieren), die gut beschwert werden, ein bis zwei Tage gepresst. Auf diese Weise glätte ich übrigens auch jedes Aquarell.

Ölfarben: Zum Drucken reichen vollkommen die preiswerteren Künstlerölfarben, wie zum Beispiel Norma der Firma Schmincke, aus. Da Ölfarben nicht wasserlöslich sind, benötigen Sie Terpentinersatz, um Werkzeuge und Hände zu reinigen und um die Farbe für kleinere Korrekturen mit dem Pinsel zu verdünnen.

Mischen der Farben: Alle Ölfarben lassen sich gut miteinander mischen. Aber halten Sie sich dabei an den Grundsatz: „Weniger ist mehr." Mischt man zu viele Farben miteinander, wirkt das nämlich eher schmutzig als farbig. Da Ölfarben eine große Farbintensität besitzen, empfiehlt sich die Beimischung von etwas Weiß oder Königsblau hell. Der Druck wirkt auf diese Weise etwas feiner.

Korrekturen: Die unvermeidlichen kleinen Patzer lassen sich bei noch frischen Drucken erstaunlich gut mit einem weißen Radiergummi aus Kunststoff (zum Beispiel edding R20) entfernen, und zwar nicht nur vom Papier sondern auch von der Folie.

Ergänzungen: Auch wenn ein etwas ungleichmäßiger Farbauftrag typisch ist für den Naturdruck, sind manchmal kleine Ergänzungen mit einem feinen Pinsel und verdünnter Ölfarbe nötig; zum Beispiel dann, wenn ein Stiel zu schwach gedruckt wurde, sodass das angrenzende Blatt quasi „in der Luft hängt".

Spülmittel: Beim Kolorieren von Drucken kann es vorkommen, dass die Aquarellfarbe auf der Ölfarbe Ihres Druckes „perlt". Mit ein paar Tropfen Spülmittel, die Sie dem Wasser beigeben, lösen Sie das Problem.

Handwaschpaste: Reinol eignet sich sehr gut, um die Hände nach dem Drucken gründlich zu reinigen. Kleiner Tipp: Cremen Sie sie vor Druckbeginn mit Fettcreme ein und „kratzen" Sie vor dem Verreiben der Creme mit den Fingernägeln über die Handflächen, damit die Creme auch unter die Nägel kommt. So werden die Fingernägel später leichter wieder sauber.

Sammeln der Pflanzen: Gewöhnen Sie sich an, immer eine kleinere Plastiktasche bei sich zu tragen. Man kann nie wissen, ob man nicht ganz unerwartet auf schöne Druckobjekte stößt. Für größere Sammelaktionen empfehle ich die auf dem Foto rechts dargestellte Methode: In einem kleinen Eimer mit nicht zu viel Wasser bleiben die Pflanzen unterwegs frisch. Zu Hause stellen Sie dann die größeren in Vasen, die kleineren (und vor allem auch die Einzelblätter) legen Sie zwischen zwei feuchte Lagen Küchenkrepp auf ein kleines Tablett und schieben dieses in einen Müllbeutel, um die Feuchtigkeit zu erhalten. So bleiben die Pflanzen tagelang „druckbereit".

Anordnung der Druckelemente: Bevor Sie Ihre Druckobjekte einfärben, können Sie sie auf der zu bedruckenden Fläche so lange hin- und herschieben, bis Ihnen die Anordnung gefällt. Nach dem Einfärben hinterlässt jedes Umarrangieren Farbspuren, die nur schwer oder gar nicht mehr zu beseitigen sind.

Gedanken zu diesem Buch

In diesem Buch geht es in erster Linie um das Vermitteln einer bildnerischen Technik, die Schritt für Schritt in ihren Anforderungen gesteigert und dadurch in der Vielfalt ihrer Möglichkeiten erweitert wird. Dieser Weg bestimmt den Aufbau des Buches, dessen Ziel es ist, die Freude am kreativen Tun zu wecken. Ein gelungener Druck hat seinen eigenen Wert!
Darüber hinaus lassen sich Naturdrucke auf vielerlei Weise als Schmuck einsetzen, wie die verschiedenen Anwendungsbeispiele in diesem Buch zeigen: Briefpapiere aller Art, Sammelmappen, Ordner, Geschenktüten, ja sogar Stoffe erhalten durch selbst gedruckte Motive aus dem unerschöpflichen Formenreichtum der Pflanzenwelt eine ganz persönliche Note.

Zur Autorin

Irmgard Lucht, 1937 in Bonn geboren, hat drei große Leidenschaften: Kunst, Kinder und Natur.
Dreieinhalb Jahre lang studierte sie Freie Graphik und Malerei an den Kölner Werkschulen. In der Folgezeit verfasste sie zahlreiche Kinderbücher, blieb aber immer auch engagierte Freie Malerin. Als solche erlernte sie, wie sie selbst sagt, die Sprache der Farben und Formen, um sich ausdrücken und mitteilen zu können.
1970 erschien das erste von inzwischen 12 Kinderbüchern, in denen sich die solide künstlerische Ausbildung ebenso zeigt wie ein liebevolles und staunendes Beobachten der Natur und ihrer Wunder.
Die Bücher von Irmgard Lucht wurden in bis zu 13 Sprachen übersetzt und mit zahlreichen nationalen und internationalen Preisen ausgezeichnet, darunter 1990 mit dem Deutschen Jugendliteraturpreis.

Bei der Anwendung im Unterricht und in Kursen ist auf dieses Buch hinzuweisen.

Die Deutsche Bibliothek – CIP-Einheitsaufnahme
Ein Titeldatensatz für diese Publikation ist bei Der Deutschen Bibliothek erhältlich.

Umschlaggestaltung: Behrend & Buchholz, Hamburg
Fotos: Annette Hempfling, Studio München
Zeichnungen: Irmgard Lucht, Jana Holeschovsky (Vorlagenbogen)
Lektorat: Eva Hauck und Astrid Müller
Innengestaltung: Rainer J. Fischer, Berlin
Satz: City Repro, Berlin
Druck: Sebald Sachsendruck
Printed in Germany

Gedruckt auf alterungsbeständigem Papier mit chlorfrei gebleichtem Zellstoff.

Die Schreibweise entspricht den Regeln der neuen Rechtschreibung.

03 02 01 00 4 3 2 1

ISBN 3-332-01109-X